Rue des Contes

CE1

Lectures

Cahier d'activités

Marie-Claude DUVAL-VASSEUR
Professeur de Lettres
à l'IUFM de l'Université de Provence

Pierre PIN
Professeur des écoles

Isabelle LÉCUYER-MERHAND
Professeur des écoles maître formateur

MAGNARD

www.magnard.fr

Avant-propos

Le cahier d'activités suit étroitement la progression du manuel et vient en complément de celui-ci.

Une double-page d'activités est proposée pour chaque épisode.

Les activités de **compréhension** ont pour objectifs :
- de vérifier la compréhension de l'épisode ;
- de résumer ou de reformuler le texte ;
- de reconnaître les personnages ;
- de reformuler l'histoire entière en fin de période.

Les activités de **vocabulaire** ont pour objectifs :
- de mémoriser le sens et l'orthographe des mots étudiés dans le manuel ;
- d'enrichir et de structurer le lexique des élèves ;
- de construire des familles de mots ;
- de réemployer des mots de l'histoire.

Les activités sur le **code** ont pour objectifs :
- de consolider l'apprentissage et la mémorisation des correspondances entre lettres et sons ;
- de mémoriser l'écriture des mots d'usage fréquent ;
- d'utiliser le code pour écrire des mots (activité d'encodage) ;
- d'écrire des mots pour mémoriser leur forme orthographique.

Les activités d'**écriture** ont pour objectifs :
- d'apprendre à écrire des **phrases** correctement ;
- d'écrire des **petits textes** pour enchaîner des phrases avec cohérence.

En fin de période, les pages de **révisions du code** et de **mots croisés** permettent de réinvestir les connaissances acquises et de les consolider « autrement ».

Ma boîte à mots invite les élèves à compléter des listes classées par sons ou par lettres au fil de leur rencontre avec des mots d'usage fréquent en lecture et en écriture.

Ce cahier peut aussi permettre de différencier le travail des élèves par le choix d'activités ciblées en fonction des besoins. Le **guide du maître** apporte des précisions quant à cette possibilité.

Sommaire

1. *Le loup et les sept chevreaux*

2. *Agénor et Abélard*

3. *Le plus grand détective du monde*

4. *La Comédie des ogres*

5. *Le voyage de Poéma*

COMPRÉHENSION

1 Complète le résumé de l'épisode avec les mots suivants :

chevreaux — rauque — personne — rusé — nourriture

Une chèvre doit aller chercher de la .... dans la prairie. Elle demande à ses petits .... de n'ouvrir la porte à .... Elle leur dit de se méfier du loup car il est .... Mais il est facile à reconnaître grâce à sa voix .... et à ses pattes noires.

VOCABULAIRE

Tu peux t'aider du dictionnaire !

2 Retrouve chaque famille d'animaux et complète le tableau.

le chat – le bélier – la jument – la poule – le chaton – l'agneau
le coq – la chatte – le cheval – le poulain – le poussin – la brebis

le mâle	la femelle	le petit
....	....	....
....	....	....
....	....	....
....	....	....

LA LETTRE « a » (1)

3 Complète les mots avec les lettres a ou ai.

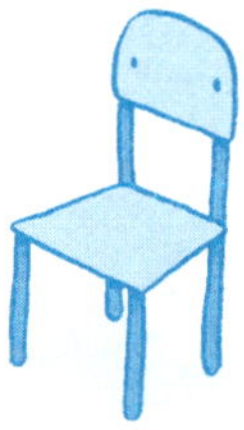

une ch..... se

un l..... v..... bo

un ..... gle

4 **Complète les mots avec les lettres ai ou ain.**

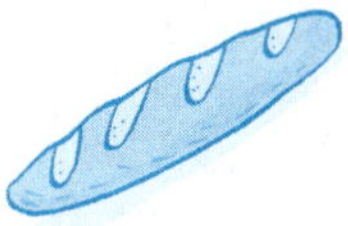

du p.....

un écl.....r

5 **Complète les mots avec les lettres ai ou ia.**

un p.....no

une font.....ne

ÉCRIRE DES PHRASES

6 **Écris une phrase pour raconter ce que tu vois sur chaque image.**

Tu peux t'aider des mots suivants :

une chèvre	le loup	elle mange	elle mord
une fleur	la fenêtre	elle croque	il regarde
		elle mordille	il observe

....

....

....

....

....

....

N'as-tu rien oublié au début et à la fin de tes phrases ?

épisode 2 *Le loup et les sept chevreaux*

COMPRÉHENSION

1 Complète le résumé de l'épisode avec les mots suivants :

part   demande   frappe   reconnaissent   revient

Après le départ de la chèvre, le loup .... à la porte et .... à entrer. Mais les chevreaux le reconnaissent à sa voix rauque. Aussitôt le loup .... acheter de la craie. Puis il .... et demande à nouveau à entrer. Mais les chevreaux le .... cette fois à sa patte noire.

VOCABULAIRE

2 Réécris la phrase en remplaçant le mot en gras par un mot qui veut dire le contraire.

a) La chèvre a une voix **rauque**.

....

b) Le loup **murmure** à la porte.

....

LA LETTRE « a » (2)

3 Complète les mots avec les lettres an, au ou eau.

un d..... phin

une ..... cre

un rât.....

un enf..... t

un gât.....

des ch..... ssures

Pages 10 à 13
du livre

4 Reconstitue les mots. Attention, il y a une syllabe en trop !

son chan man — une ....

da ca deau — un ....

cau dan mar che — un ....

ÉCRIRE DES PHRASES

5 Remplace le groupe de mots en gras par il ou elle. Réécris les phrases.

a) **Le loup** revient vers la maison.

....

b) **La porte** reste fermée.

....

6 Écris une phrase pour raconter ce que tu vois sur chaque image.

Tu peux t'aider des mots suivants : le loup, la porte, un morceau, la craie | il achète, il paie, il prend, il frappe, il toque, il cogne

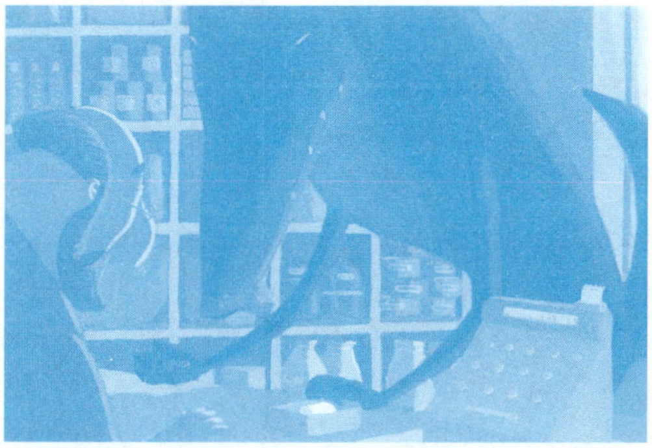

....

....

....

....

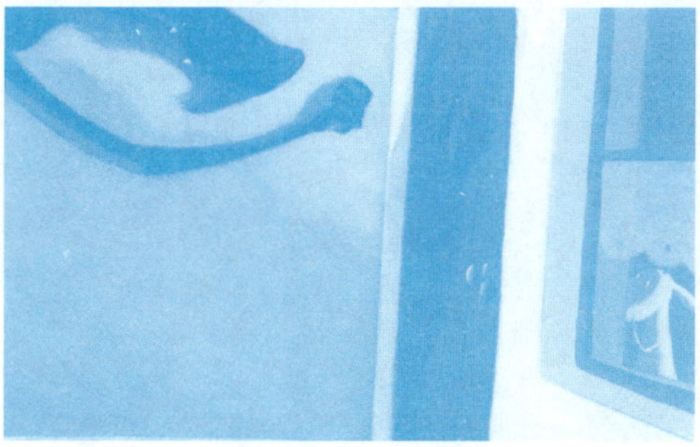

....

....

....

....

N'as-tu rien oublié au début et à la fin de tes phrases ?

épisode 3 *Le loup et les sept chevreaux*

COMPRÉHENSION

1 Complète le résumé de l'épisode avec les mots suivants :

farine boulanger blanche meunier patte

Le loup va chez le .... Il lui demande de recouvrir sa .... avec de la pâte à pain. Puis il se rend chez le .... et lui demande de lui verser de la .... dessus. Le loup aura ainsi une patte ....

VOCABULAIRE

2 Choisis le mot qui convient pour compléter la phrase.

Le loup veut entrer .... la maison. dent dans

Le loup a .... : il veut manger. faim fin

LA LETTRE « O » (1)

3 Complète les mots avec les lettres O ou OU.

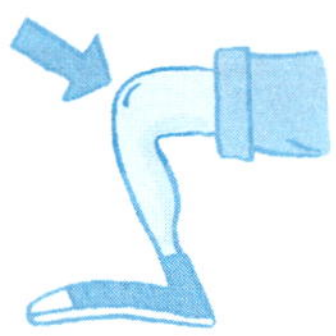

un gen.....

un vél.....

une c..... leur

un trés..... r

d..... ze

un l..... p

Pages 14 à 17
du livre

4 Observe les dessins puis écris les mots.

un . . . .

une . . . .

un . . . .

ÉCRIRE DES PHRASES

5 Écris une phrase pour raconter ce que tu vois sur chaque image.

Tu peux t'aider des mots suivants :				
	le loup	une patte	il verse	il recouvre
	le boulanger	la farine	il pose	il montre
	les chevreaux		il met	il présente

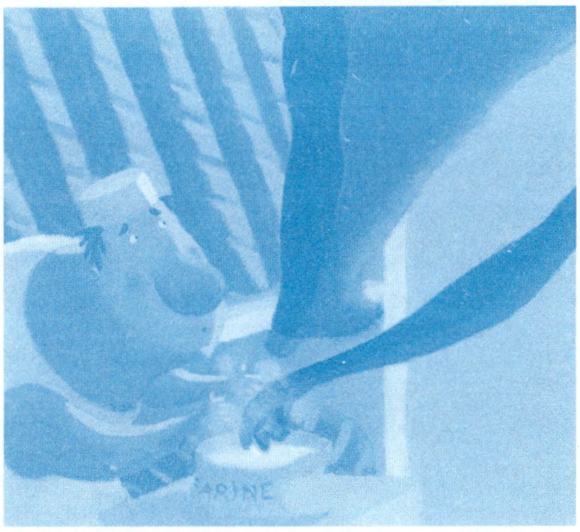

. . . .

. . . .

. . . .

. . . .

. . . .

. . . .

. . . .

. . . .

N'as-tu rien oublié au début et à la fin de tes phrases ?

épisode 4 *Le loup et les sept chevreaux*

COMPRÉHENSION

1 Où se cachent les chevreaux ? Écris le nom de chaque cachette sous l'image qui correspond.

la ....

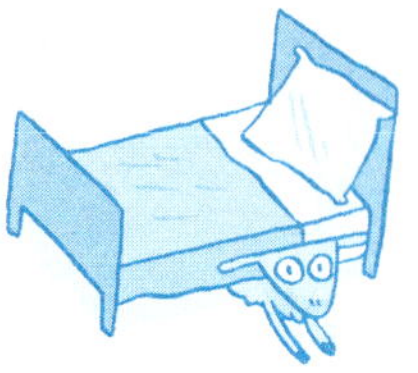

un ....

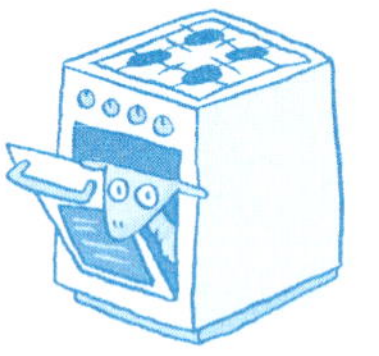

le ....

l' ....

le ....

la ....

Il manque un chevreau. Te rappelles-tu sa cachette ?

....

VOCABULAIRE

2 Barre l'intrus dans chaque colonne.

1) Des objets pour laver	2) Des objets pour cuire les aliments	3) Des objets pour...	4) Des objets pour...
le lavabo	le four	le placard	la pendule
l'évier	l'aspirateur	l'armoire	le radiateur
le lave-vaisselle	le micro-onde	la télévision	l'horloge
le réfrigérateur	la plaque de cuisson	la commode	la montre

La famille 3 permet de ....

La famille 4 permet de ....

LA LETTRE « o » (2)

3 Reconstitue les mots. Attention, il y a une syllabe en trop !

moi noi ar re — le é toi è — noi neau moi

une . . . . une . . . . un . . . .

4 Complète les mots avec les lettres oin ou ion.

 un av. . . . .

 un p. . . . g

 un l. . . . .

ÉCRIRE DES PHRASES

5 Écris une phrase pour raconter ce que tu vois sur chaque image.

Tu peux t'aider des mots suivants :	le loup un chevreau la table	sous dans	il entre il se cache il s'introduit

. . . .

. . . .

. . . .

. . . .

. . . .

. . . .

. . . .

. . . .

N'as-tu rien oublié au début et à la fin de tes phrases ?

Le loup et les sept chevreaux

COMPRÉHENSION

1 Qui se cache derrière les petits mots en gras ? Relie chaque phrase à l'image qui correspond.

Elle chercha ses petits partout. •

Elle ne **les** trouva pas. •

Il avait mangé tous les autres chevreaux. •

Le chevreau **la** suivit dehors. •

Seraient-**ils** encore en vie ? •

• 

• 

• 

VOCABULAIRE

2 Coche le mot qui veut dire à peu près la même chose que le mot en gras.

a) Elle **prononce** le nom du plus jeune.

☐ dit ☐ répond ☐ demande

b) Le loup a **mangé** tous les autres chevreaux.

☐ bu ☐ avalé ☐ mordillé

c) Le loup est **allongé** sous l'arbre.

☐ plongé ☐ tombé ☐ couché

Si tu hésites, vérifie dans le dictionnaire !

LE SON [ã]

3 Complète les mots avec les lettres an ou am.

cinqu . . . . . te

une . . . . . poule

une . . . . . cre

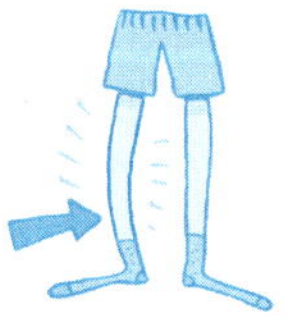

une j . . . . . be

un d . . . . . ger

une . . . . . bulance

Pages 22 à 25
du livre

4 Complète les mots avec les lettres en ou em.

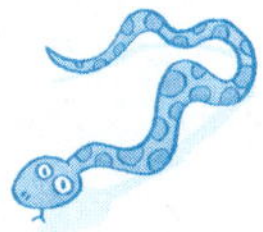	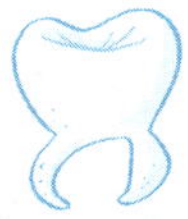	
un serp. . . . t	une d. . . . . t	un cam . . . . . bert

une p. . . . . dule	la t. . . . . pête	une . . . . . preinte

ÉCRIRE DES PHRASES

5 Écris une phrase pour raconter ce que tu vois sur chaque image.

Tu peux t'aider des mots suivants :

la chèvre
le chevreau
la maison
la pendule

elle arrive
elle revient
elle rentre
elle voit
elle découvre
elle s'aperçoit
elle aide

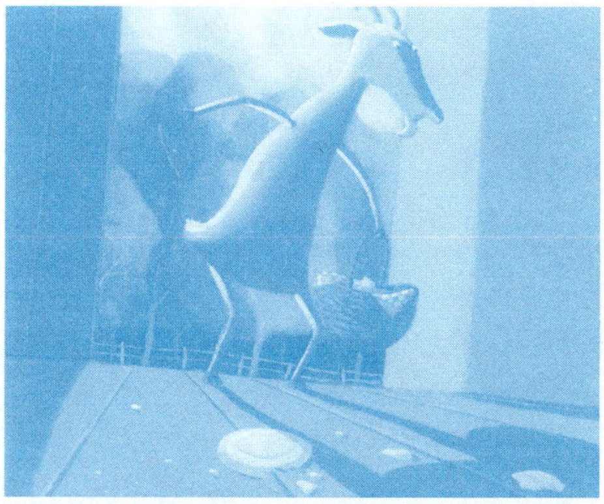

N'as-tu rien oublié au début et à la fin de tes phrases ?

COMPRÉHENSION

1 Dans ce texte, les verbes ne sont pas à la bonne place !
Remets-les au bon endroit puis recopie le texte.

La chèvre **demande** le ventre du loup. Les six chevreaux en **recoud** sains et saufs. Elle leur **ouvre** alors d'aller chercher des pierres pour remplir le ventre du loup. Puis elle le **sortent**.

VOCABULAIRE

2 Relie chaque image à la phrase qui correspond.

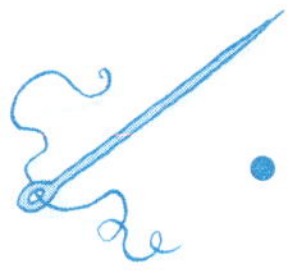

- L'alpiniste arrive en haut de **l'aiguille**.
- La chèvre passe le fil dans **l'aiguille**.
- La petite **aiguille** indique l'heure.

LE SON [ɛ̃]

3 Colorie les mots quand tu entends le son [ɛ̃].

le jardin	un enfant	du pain	un panier

Pages 26 à 29
du livre

4 **Complète les verbes suivants avec les lettres in ou im.**

..... venter	..... terroger	..... primer	..... diquer

5 **Complète les verbes suivants avec les lettres ain ou ein.**

cr ...... dre	p ...... dre	v ...... cre	ét ...... dre

ÉCRIRE DES PHRASES

6 **Écris une phrase pour raconter ce que tu vois sur chaque image.**

Tu peux t'aider des mots suivants :

la chèvre, le loup, le ventre, l'estomac, des pierres, des cailloux | elle délivre, elle sort, elle sauve, elle remplit, elle met

....

....

....

....

....

....

....

....

N'as-tu rien oublié au début et à la fin de tes phrases ?

Le loup et les sept chevreaux

COMPRÉHENSION

1 Numérote les phrases dans l'ordre de l'histoire.

[....] Rusé, le loup réussit à entrer. Il dévore six chevreaux puis s'endort.

[....] Quand le loup se réveille, il a soif. Il tombe dans un puits et se noie.

[....] Peu de temps après, le loup essaie d'entrer dans la maison, mais les chevreaux le reconnaissent à sa voix rauque puis à sa patte noire.

[1] Avant de partir, une chèvre demande à ses petits chevreaux de n'ouvrir la porte à personne.

[....] Lorsque la chèvre revient, le petit dernier lui raconte ce qui s'est passé. Elle sauve ses petits et remplit le ventre du loup de pierres.

VOCABULAIRE

2 Relie chaque expression à sa signification.

« avoir une faim de loup » •	• se déplacer sans faire de bruit
« marcher à pas de loup » •	• être affamé

LE SON [ɔ̃]

3 Complète les noms suivants avec on ou om.

une m. . . . . tagne

une . . . . . bre

une ép. . . . . ge

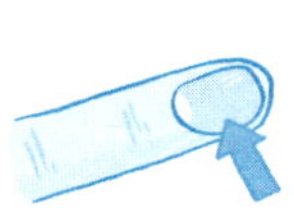
un . . . . . gle

un mout. . . . .

une b. . . . . be

un pl. . . . . bier

. . . . . ze

la télévisi. . . . .

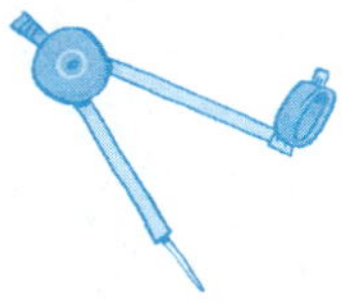
un c. . . . . pas

un sav. . . . .

un ours. . . . .

ÉCRIRE DES PHRASES

4 Écris une phrase pour raconter ce que tu vois sur chaque image.

Tu peux t'aider des mots suivants :

la chèvre — au fond — le loup — le puits — les chevreaux | il bascule — il tombe — ils jouent — ils s'amusent — ils font la ronde

. . . .

. . . .

. . . .

. . . .

. . . .

. . . .

. . . .

. . . .

N'as-tu rien oublié au début
et à la fin de tes phrases ?

DES SONS, DES LETTRES

1 Écris le mot sous chaque dessin.

un . . . .

une . . . .

un . . . .

un . . . .

2 Colorie les mots si tu entends [ɛ].

un Américain – une Américaine – le bain – la baignade

un grain – une graine – la paix – le pain – un parrain

une marraine – aimer – la faim

3 Complète les mots avec les lettres o, ô, au ou eau.

l'. . . . . tomne	l'h. . . . . pital	le tabl.	un abric. . . . . t
un c. . . . . chemar	un c. . . . . pain	un c. . . . . té	un chât. . . . .
un f. . . . . teuil	un rest. . . . . rant	un ruiss.	un styl. . . . .

4 Recopie les mots si tu entends [wa].

la joie - un miroir - un pingouin - un point

un royaume - loin - un lion - un témoin

la soif - un villageois - un voilier - un yoyo

. . . .

. . . .

5 Complète les mots avec an ou am.

une br. . . . . che	une ch. . . . . bre	un ch. . . . . t	le j. . . . . bon

6 Recopie les mots si tu entends [ã].

un animal - un champion - un chameau - une chanson
un fantôme - une flamme - un habitant - un manège
une pancarte - un panier - un pyjama - une lampe

....

....

....

7 Complète les mots avec en ou em.

un ex.....ple	le sil.....ce	un m.....songe	le t.....ps

8 Recopie les mots si tu entends [ã].

le printemps - un ennemi - un renne - emmener
une descente - une femme -une légende - comment

....

....

9 Écris le mot en [ɛ̃] qui correspond au dessin.

un	un	une	une ....

DES SONS, DES LETTRES

10 Entoure les mots si tu entends [ɛ̃].

une plaine - une plainte - une reine - un peintre - la peine

un frein - freiner - vaincre - un vainqueur - une empreinte

11 Complète les mots avec in ou im.

..... quiet	..... terdit	..... buvable	s..... ple
..... poli	..... correct	..... portant	..... prudent

12 Écris le mot sous chaque dessin.

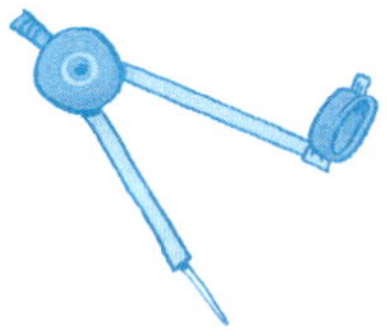

un	un	un	....

13 Colorie les mots si tu entends [ɔ̃].

une personne | un prénom | une sonnette | une gomme | donner

un wagon | le pardon | malhonnête | la honte | un conte

14 Complète les mots avec on ou om.

un c..... bat	un cray.....	un c..... pliment	le n..... bril
un c..... cert	une c..... ptine	un ours.....	un c..... pagn.....

MOTS CROISÉS

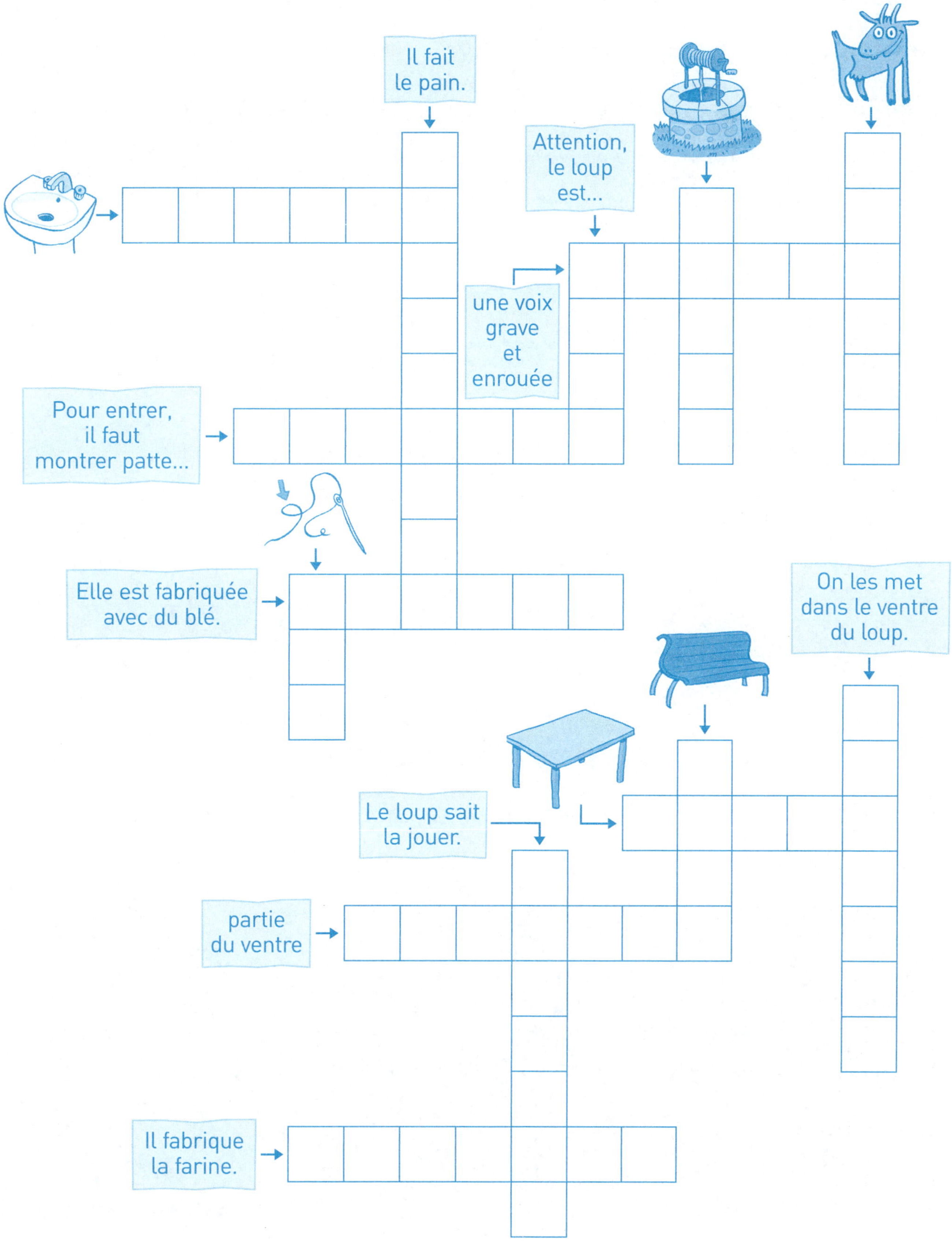

épisode 1 *Agénor et Abélard*

COMPRÉHENSION

1 Complète le résumé de l'épisode avec les mots suivants :

se chamailler | fatigue | frères | faire | parents

Agénor et Abélard sont des .... que tout sépare.

Ils passent leur temps à ....

Cela .... beaucoup leurs .... qui ne savent plus quoi ....

VOCABULAIRE

2 Relie chaque mot à sa définition.

une blague •	• pays, région
grimper •	• faire des reproches
une contrée •	• monter sur quelque chose
gronder •	• plaisanterie, farce

LA LETTRE « g »

3 Complète les mots avec les lettres g ou gu pour obtenir le son [g].

un .....arçon

une .....itare

une va.....e

4 Complète les mots avec les lettres g ou ge pour obtenir le son [ʒ].

une .....ifle

un nua.....

un plon.....on

5 Observe les dessins puis écris les mots.

une .... un ....

Tous les mots s'écrivent avec la lettre « g »

ÉCRIRE DES PHRASES

6 Écris une phrase pour raconter ce que tu vois sur chaque image.

Tu peux t'aider des mots suivants :

un garçon - Agénor
Abélard - les jumeaux
les deux frères - un arbre

il grimpe - il escalade
il monte
ils se bagarrent
ils se chamaillent
ils se disputent

....

....

....

....

....

....

....

....

Agénor et Abélard

COMPRÉHENSION

1 Complète le résumé de l'épisode avec les verbes suivants :

séparer contrôler appeler proposer construire

Le roi et la reine font .... Alcyon. Celui-ci leur dit que les jumeaux ont besoin d'apprendre à se .... et qu'il faut leur .... des activités pacifiques. Malheureusement, cette idée ne suffit pas. Alors Alcyon décide de .... les deux frères et l'on demande à des architectes de .... deux forteresses.

VOCABULAIRE

2 Dans chaque liste, barre le mot qui n'appartient pas à la même famille.

a) prince - pince - princesse - princier

b) conseil - conseiller - oreiller - déconseiller

c) luge - léger - légère - légèreté

d) fort - forteresse - fortifier - frotter

LA LETTRE « C »

3 Colorie la lettre C selon le son qu'elle permet d'écrire.

[k] : rouge [s] : bleu

un camion une sorcière une colline une bicyclette

4 Colorie la lettre C selon le code.

[ʃ] : vert (muette) : jaune

une flèche un chemin un banc un chou

5 Observe les dessins puis écris les mots.

un ....   une ....   un ....

ÉCRIRE DES PHRASES

6 Sépare les mots de la phrase puis copie-la sans erreur.

Faitesdoncconstruiredeuxchâteauxpourlesprinces.

....

7 Écris une ou deux phrases pour raconter ce que tu vois sur chaque image.

Tu peux t'aider des mots suivants :	Alcyon le magicien une boule de cristal deux châteaux	il regarde - il interroge il consulte - on construit on bâtit

....

....

....

....

....

....

....

....

COMPRÉHENSION

1 Complète cette phrase avec les mots suivants :

nuit — donjons — fenêtre — projectiles — grimaces

Installés .... et jour à la .... de leurs ...., ils se criaient des horreurs, se faisaient des .... et se bombardaient de ....

VOCABULAIRE

Des synonymes sont des mots qui veulent dire à peu près la même chose.

2 Coche le mot qui est synonyme du mot en gras.

a) Chacun a **une réserve** de sucreries.

☐ une baignoire ☐ une salle ☐ une provision

b) Les deux frères se crient **des horreurs**.

☐ des compliments ☐ des insultes ☐ des mots doux

c) Ils s'envoient à la figure **des projectiles**.

☐ des gifles ☐ des fleurs ☐ des objets

d) On dresse une **colossale** muraille.

☐ immense ☐ minuscule ☐ belle

LE SON [k]

3 Complète les mots avec les lettres c, qu ou k.

un pla . . . ard	le . . . iwi	un . . . lown	la . . . onfiture
un par . . . ing	. . . arante	un é . . . ureuil	faire du s . . . i

Pages 52 à 55
du livre

4 **Observe les dessins puis écris les mots.**

une .... un ....

5 **Complète avec les lettres ac, ec, ic ou oc.**

un l...	un sp...tacle	le publ...	la d...tée
un ...cident	une c...cinelle	une soustr...tion	la l...ture

ÉCRIRE DES PHRASES

6 **Écris une ou deux phrases pour raconter ce que tu vois sur chaque image.**

Tu peux t'aider des mots suivants :	les jumeaux des objets - des projectiles des jouets - un mur une muraille - un château	ils se disputent ils se bagarrent ils se lancent on construit

....

....

....

....

....

....

....

....

épisode 4 *Agénor et Abélard*

COMPRÉHENSION

1 Lis les phrases suivantes. Numérote-les dans l'ordre de l'histoire.

[....] Alcyon les retrouve grâce à sa boule de cristal et l'on construit finalement un pont pour relier les deux châteaux.

[....] On essaie de les distraire mais rien ne marche.

[....] Séparés, Agénor et Abélard deviennent très tristes.

[....] Un jour, à la surprise générale, les jumeaux disparaissent.

VOCABULAIRE

2 Colorie le mot-étiquette qui correspond à chaque liste.

a) un lit - une table - une armoire - un placard

[meubles] [personnes] [sentiments]

b) une fraise - un abricot - un kiwi - un ananas

[sentiments] [fruits] [objets]

c) le tennis - le football - la natation - le judo

[personnes] [qualités] [sports]

LE SON [e]

3 Les accents ont été oubliés. Ajoute-les quand c'est nécessaire.

le medecin retenir Agenor ecriture une cle revenir l'ecole

4 Complète par é, ée ou er.

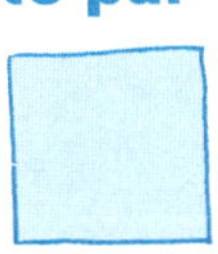

un carr.....

un colli.....

un côt.....

une poup.....

un pompi.....

une cuillér.....

ÉCRIRE UN PETIT TEXTE

5 Écris un petit texte qui respecte l'ordre de ces images.

①

②

③

④

1) ....

....

2) ....

....

3) ....

....

4) ....

....

DES SONS, DES LETTRES

1 Classe les mots dans le tableau.

un légume - un agneau - un paysage - un plongeoir
une bagarre - une blague - une gifle - vingt

	👂 [g]	👂 [ʒ]	👂̸ [g], 👂̸ [ʒ]
👁 g	....	....	....

2 Complète avec g ou gu pour obtenir le son [g].

un dé ..... isement | un ma ..... asin | une ..... outtelette | une ..... enon
un escar ..... ot | une vir ..... ule | un va ..... abond | la lan ..... e

3 Écris le mot qui correspond au dessin.

un ....

un ....

une ....

4 Complète les mots avec g ou ge pour obtenir le son [ʒ].

la ..... éographie | la ..... ymnastique | la ma ..... ie
un bour ..... on | un ..... endarme | une déman ..... aison
un villa ..... | une oran ..... ade | la rou ..... ole

DES SONS, DES LETTRES

5 Écris le mot qui correspond au dessin.

un	une	un ....

6 Écris le mot avec la lettre c qui correspond au dessin.

un	du	un ....

7 Trouve un mot de la même famille qui s'écrit avec ç.

une balance → ....

la France → ....

une glace → ....

une face → ....

8 Classe les mots dans le tableau.

un arc - un cerceau - un choix - un clown

un cygne - un sorcier - un tronc - une colline

	[k]	[s]	[k], [s]
c	....	....	....

DES SONS, DES LETTRES

9 Classe les mots dans le tableau.

un architecte - un chronomètre - une cheminée - une peluche
une technique - une chaise - un chevreuil

ch [ʃ]	ch [k]
....	....
....	....
....	....
....	....

10 a) Colorie les mots si tu entends [e].

une activité — aller — une allergie — l'amitié — avertissement
un berceau — le boulanger — un cahier — une caverne
un cerisier — une couverture — crier — un dîner — un éclair
février — une idée — janvier — jouer — un lapereau
la mer — mercredi — un métier — le papier
parler — une perle — un poulailler — le premier — la santé
un service — un verbe

b) Recopie 5 mots où le son [e] s'écrit é.

....

....

MOTS CROISÉS

femme de roi

les frères de l'histoire

On les appelle aussi les frères...

contraire de laid

Les deux frères sont des...

contraire de la haine

E

T

On te le souhaite chaque année.

peur du vide

Elles peuvent être idiotes ou faire mourir de rire.

sport de raquette

épisode 1 *Le plus grand détective du monde*

COMPRÉHENSION

1 Complète ce résumé avec les mots suivants.

génie | détective | affaires | rollers | boucle d'oreille

Gilou est un grand .... car il a déjà résolu deux .... Il a retrouvé ses .... grâce à un petit travail de déduction.
Puis il a retrouvé la .... d'Émilie grâce à une illumination de ....

VOCABULAIRE

2 Entoure le bon mot pour compléter chaque phrase.

a) Le **suspect** / **témoin** est soupçonné par la police.

b) Le **coupable** / **détective** vient relever quelques indices sur la scène du cambriolage.

c) Le coupable va bientôt faire des **vœux** / **aveux** à la police.

LE SON [s]

3 Complète les mots par S ou SS.

un ..... tylo

un de ..... in

le ..... oleil

une ca ..... quette

une a ..... iette

un bi ..... cuit

4 **Complète les mots par c ou ç.**

un gar. . . . .on

le méde. . . . .in

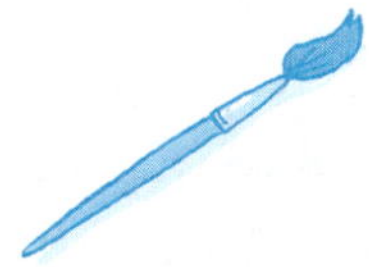

un pin. . . . .eau

la balan. . . . .oire

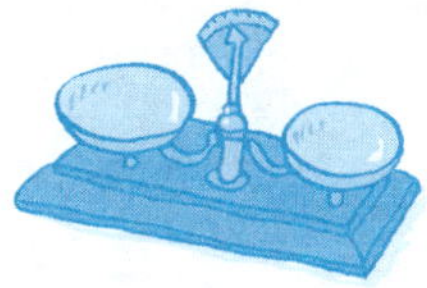

une balan. . . . .e

un . . . . .ygne

ÉCRIRE DES PHRASES

5 **Écris une ou deux phrases pour raconter ce que tu vois sur chaque image.**

Tu peux t'aider des mots suivants :

Gilou - ses rollers
la cave - l'écharpe
la boucle d'oreille

il retrouve
elle est cachée

Le plus grand détective du monde

COMPRÉHENSION

1 Relis le texte page 76 du livre. Puis réécris les phrases suivantes pour qu'elles soient vraies.

a) Ce samedi, Gilou ne s'ennuie pas dans sa chambre.

....

b) La maman de Gilou lui demande de rendre un service à son père.

....

c) Le garçon emporte un téléphone portable et une mallette.

....

VOCABULAIRE

2 Voici ce qui s'est passé. Quels indices vas-tu sans doute retrouver ? Colorie la bonne réponse.

a) Quelqu'un a cassé une bouteille dans la cuisine.

des morceaux de verre | une empreinte de pas | de la boue

b) Quelqu'un a roulé dans la neige avec une grosse voiture dans ton jardin.

une flaque d'eau | des traces de pneus | des morceaux de bois

c) Quelqu'un a fait un feu de camp sur la plage.

des cheveux | de la terre | des cendres

LE SON [ɛ]

3 Colorie en vert les mots contenant le son [ɛ].

a) un problème | une fenêtre | une poupée | très

une enquête | une école | un piège | deuxième

b) un détective | Caramel | petit | la moquette | une cerise | une poubelle | un pistolet | une couverture

ÉCRIRE DES PHRASES

4 Sépare les mots par des traits puis recopie la phrase correctement.

O n n ' e s t j a m a i s t r o p p r u d e n t.

....

....

5 Écris une ou deux phrases pour raconter ce que tu vois sur chaque image.

Tu peux t'aider des mots suivants :

Gilou - Caramel
Mme Serin - le lit
l'escalier - les escaliers

il joue - il s'amuse
il descend - il rejoint

....

....

....

....

....

....

....

....

COMPRÉHENSION

1 Observe bien l'image puis coche les phrases qui la décrivent correctement.

- ☐ La maman de Gilou lui montre le napperon taché.
- ☐ La maman de Gilou montre à son fils comment nettoyer la table du salon.
- ☐ Caramel dort tranquillement sur le canapé.
- ☐ Gilou est déguisé en détective privé.

VOCABULAIRE

2 À qui dirais-tu ces phrases ? Relie chaque phrase au dessin qui convient.

Que dis-tu ? •

Que faites-vous ? •

Qu'avez-vous dessiné ? •

Où es-tu ? •

• 

• 

LA LETTRE « S »

3 Colorie la lettre S de la bonne couleur, selon le son qu'elle permet d'écrire.

[s] : bleu — [z] : rouge — (muet) : vert

le salon — un vase — surtout — sentimental — dehors — un sens

une observation — une rose — un héros — des plates-bandes — un parcours

4 Observe les dessins puis écris les mots.

une ....

un ....

une ....

une ....

un ....

un ....

Tous ces mots s'écrivent avec la lettre « s » !

ÉCRIRE DES PHRASES

5 Écris une ou deux phrases pour raconter ce que tu vois sur chaque image.

Tu peux t'aider des mots suivants :	Mme Serin - Gilou	elle montre	ils regardent
	une auréole - un napperon	elle constate	ils observent
	des empreintes - un pas	elle explique	ils découvrent
	une chaussure		

....

....

....

....

....

....

....

....

COMPRÉHENSION

1 Qui parle ? Relis le texte de la ligne 6 à la ligne 24 puis coche la bonne case.

« Si je ne m'abuse, cette botte appartient à M. Serin. »		
« Il me paraît clair maintenant qu'il a utilisé cette botte dans le but de nous faire croire qu'il était unijambiste. »		
« Mon vase contenait des fleurs. »		
« Le brigand a, sans doute, renversé l'eau en commettant son méfait. »		

VOCABULAIRE

2 Retrouve quatre mots composés en prenant un mot dans chaque liste.

a) porte - pare - chasse - grille

b) neige - bonheur - brise - pain

1) ....

2) ....

3) ....

4) ....

LA LETTRE « X »

3 Colorie la lettre X de la bonne couleur selon le son qu'elle permet d'écrire.

[ks] : bleu   [gz] : rouge

la boxe	l'index	un examen	un texte	un exemple
une excuse	exact	exister	un réflexe	un exercice

3 Colorie la lettre x de la bonne couleur selon le son qu'elle permet d'écrire.

[s] : jaune — [z] : orange — vert

un prix — dix — deux — deuxième — six — des chevaux

sixième — dix-huit — la paix — soixante — heureux — des yeux

ÉCRIRE UN PETIT DIALOGUE

5 Écris ce que disent les personnages.

Tu peux t'aider des mots suivants :

de l'eau - par terre
sur le sol - un morceau
un essuie-tout - un vase
un voleur

regardez
il y a
il a renversé
il a essuyé

« ....

.................................., dit Mme Serin.

– ....

.... », répond Gilou.

« ....

.................................., remarque Mme Serin.

– ....

.... », répond Gilou.

N'as-tu rien oublié au début de tes phrases ?

épisode 5 *Le plus grand détective du monde*

COMPRÉHENSION

1 Complète ce résumé de l'épisode avec les mots suivants. Attention, il y a des intrus !

à l'intérieur — classer — cuisine — dehors

placard — poubelle — salon — examiner

Mme Serin et son fils se rendent dans la ....
La maman de Gilou ne trouve rien dans la ....
Gilou propose alors de .... l'affaire. Mais
Mme Serin n'est pas d'accord : elle entraîne son fils .... ,
du côté du garage, pour .... une autre poubelle.

VOCABULAIRE

2 Réécris chaque liste de mots en respectant l'ordre alphabétique.

a) déduction - aventure - bateau - cartable - enfant

....

b) chat - chasse - château - chaton - chatouille

....

c) ventre - vent - ventouse - verbe - vérité

....

LA LETTRE « i »

3 Observe les dessins puis écris les mots.

une ....

un ....

un ....

Pages 88 à 91
du livre

4 Complète les mots avec les lettres qui conviennent.

« ain » ou « ian »	« ein » ou « ien »	« oin » ou « ion »
une fr....... dise	une empr....... te	une act.......
du p.......	un magic.......	un tém.......
la v....... de	un p....... tre	la solut.......
dem.......	un coméd.......	l....... tain

ÉCRIRE DES PHRASES

5 Écris une ou deux phrases pour raconter ce que tu vois sur chaque image.

Tu peux t'aider des mots suivants :
Gilou - Mme Serin
le placard - la poubelle
la cuisine - dehors

elle fouille - elle cherche
elle examine
ils se dirigent - ils vont

....
....
....
....

....
....
....
....

Le plus grand détective du monde

COMPRÉHENSION

1 Complète ce passage du texte avec les mots suivants :

chat voleur précieux certitude

« Le .... profite d'une absence momentanée de votre part pour s'introduire chez vous. Nous avons déjà établi avec .... qu'il est entré par la fenêtre. Il s'empare du .... vase, mais il n'aperçoit pas le .... »

VOCABULAIRE

2 Dans chaque phrase, entoure l'adverbe qui convient.

a) Elle essuie **délicatement / brutalement** la vaisselle fragile.

b) Ce conducteur roule **lentement / rapidement** : il ne fera pas d'excès de vitesse !

c) Tu manges trop **délicatement / rapidement** : tu es un vrai glouton !

LA LETTRE « y »

3 Colorie la lettre y de la bonne couleur.

[i] : bleu [j] : rouge

un cycliste un voyou un pays un citoyen

4 Complète ces noms par a, o ou u.

un cr....yon un t....yau un n....yau une v....yelle

ÉCRIRE DES PHRASES

5 Réécris chaque phrase en remplaçant le mot en gras par le mot ou le groupe de mots qui convient.

le chat | maman | le voleur

Il s'empare du précieux vase.

....

Il a toujours faim.

....

Elle sort délicatement les deux morceaux de verre.

....

ÉCRIRE UN PETIT TEXTE

6 Écris un petit texte pour raconter ce qui a pu se passer selon Gilou.

Tu peux t'aider des mots suivants : le voleur - la fenêtre / le vase - le chat | il entre - il prend / il tombe - il lâche

....

....

....

....

....

Le plus grand détective du monde

COMPRÉHENSION

1 Numérote ces phrases dans l'ordre de l'histoire.

- [....] Dans le salon, un vase a disparu.
- [....] Gilou enquête. Il examine plusieurs indices.
- [1] Gilou est le plus grand détective du monde.
- [....] Il en déduit qu'un voleur s'est introduit dans la maison par la fenêtre et qu'il a cassé le vase en voulant le dérober.
- [....] Mme Serin n'est pas convaincue et elle prouve que le vrai coupable est Gilou.
- [....] Un jour, sa maman, Mme Serin, lui propose de résoudre une énigme.

LE SON [j]

2 Complète par i ou y.

une p....erre	un av....on	une fra....eur	un pomm....er
un Ind....en	un mo....en	un mét....er	une ra....ure
une fr....andise	bru....ant	la ma....onnaise	une act....on

3 Écris correctement le son [j] dans les mots suivants.

noms au masculin ail - eil - euil - ouil		noms au féminin aille - eille - euille - ouille	
un appar..........	un rév..........	une citr..........	une bout..........
un dét..........	un port..........	une corb..........	une mur..........
un faut..........	un cons..........	une f..........	une chat..........

ÉCRIRE UN PETIT TEXTE

4 Écris une ou deux phrases pour légender chaque image. Enchaîne ces phrases pour construire un petit texte.

① 

② 

③ 

④ 

⑤ 

⑥ 

Tu peux t'aider du vocabulaire donné dans les épisodes précédents !

DES SONS, DES LETTRES

1 Classe les mots dans le tableau.

un cascadeur - une maison - un espion - un ours - un prisonnier
le dos - un héros - un cousin - une brebis - un coussin - un matelas

	[s]	[z]	[s], [z]
s	....	....	....
	....	....	....
	....	....	....
	....	....	....

2 Écris le mot qui correspond au dessin.

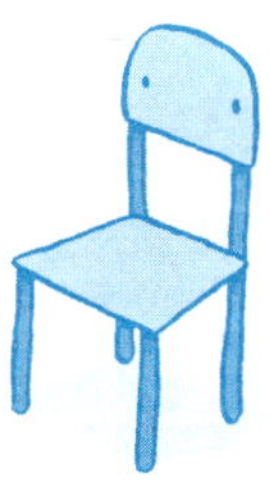

une .... une .... une .... une ....

3 a) Colorie les lettres qui font le son [s] selon le code.

sc : bleu — **t** : rouge — **x** : vert

un dictionnaire - un ascenseur - une collection - une récitation
une acrobatie - scier - un patient - soixante - descendre
une scène - dix - scintiller - six - une piscine

b) Recopie les mots où le son [s] s'écrit t :

....

....

DES SONS, DES LETTRES

4 Classe les mots dans le tableau.

l'alphabet - un aigle - un chef - la peine - une enquête - un espoir
la neige - un poème - le raisin - un rêve - une rivière - un sifflet
un spectacle - une tanière - un vêtement

	[ɛ]
è	....
ê	....
e	....
ai	....
ei	....
et	....

5 Recopie le mot si tu entends [ks].

l'oxygène - un prix - un exercice - soixantième
le deuxième - la toux - un exemple - un réflexe
un exploit - un texte - la paix - les yeux

....

....

6 Complète par i ou y.

un c ..... gne	un am	un b ..... jou	un st ..... lo
un ..... gloo	un l ..... vre	la g ..... mnast ..... que	une cer ..... se

DES SONS, DES LETTRES

7 Colorie les mots lorsque tu entends le son [i].

une abeille · un conseil · une copie · un crayon · un détail

un espion · une fourmi · un gyrophare · une muraille

un mystère · un œil · un papier · un pays · un poney

un pyjama · une rayure · un yaourt · un village

8 Écris le mot en [j] qui correspond au dessin.

une ……………

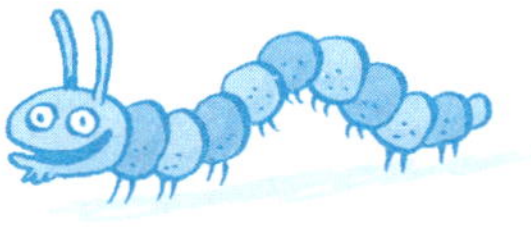

une ……………

un ……………

un ……………

une ……………

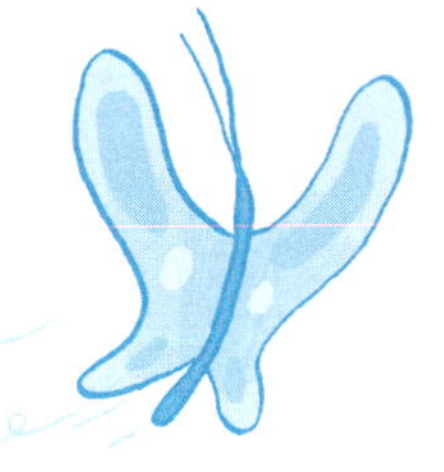

un ……………

9 Entoure la forme qui convient.

- le trav — ail / aille
- une or — eil / eille
- un écur — euil / euille

MOTS CROISÉS

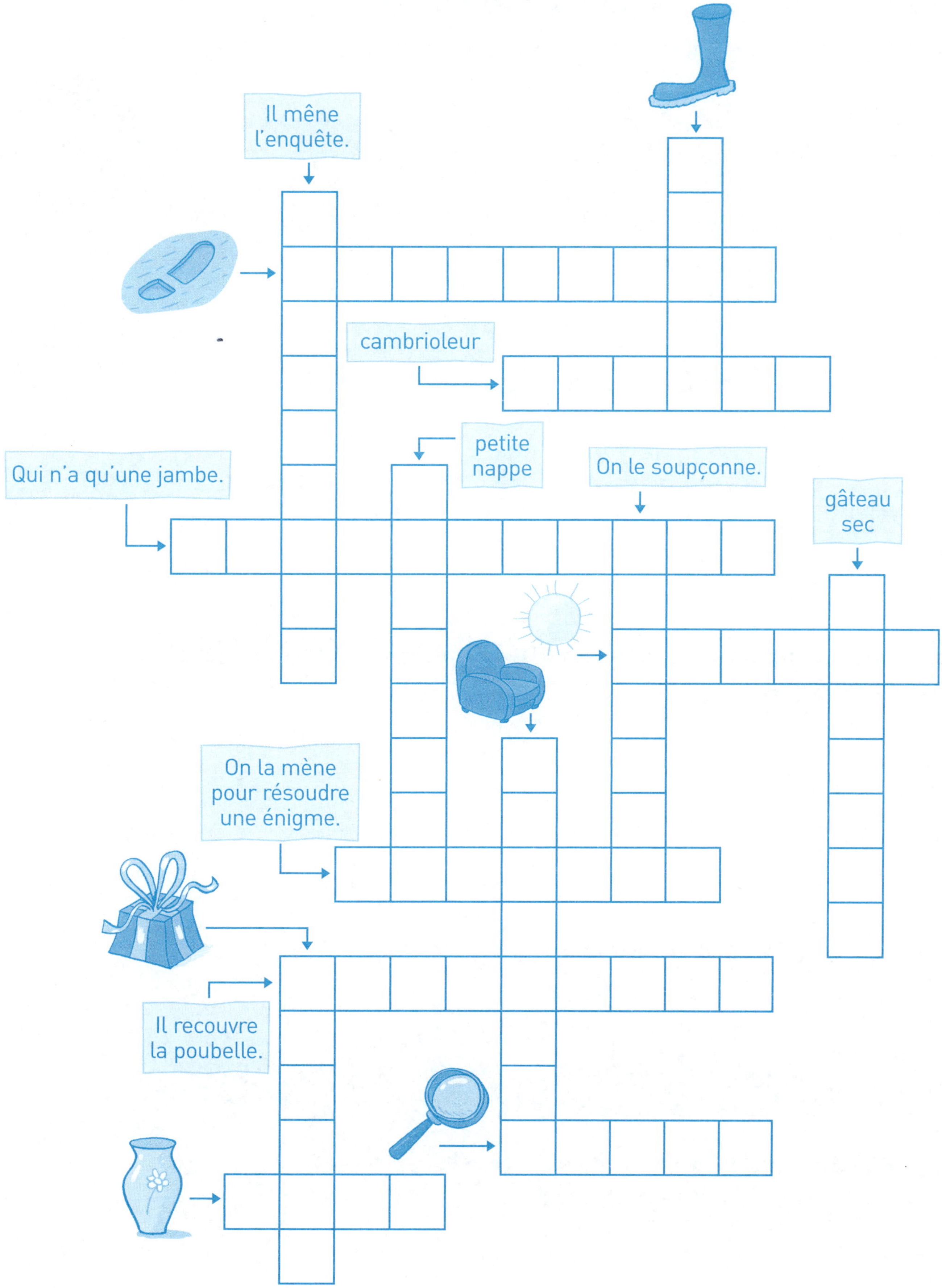

épisode 1 *La Comédie des ogres*

COMPRÉHENSION

1 Qui parle ? Relie chaque phrase au bon personnage.

« Qu'est-ce que tu fabriques encore au lieu de peindre ? » •

« Je dois agrandir la maison. Vermeer pousse à vue d'œil. Il a pris quarante centimètres ce mois-ci. » •

« Oui, et il vient de faire sa soixante-treizième dent. Et sais-tu ce que le loup mettra sous l'oreiller de notre petit, cette fois ? » •

• 

Goya

• 

Cézanne

VOCABULAIRE

2 Forme des mots de la même famille en ajoutant -esse ou -illon aux mots suivants.

Exemple : *un prince → une prince**sse** ; une médaille → un méda**illon**.*

a) un maître → une ....

b) un oiseau → un ....

c) un diable → une ....

d) une porte → un ....

LES ACCENTS SUR LES VOYELLES

3 Ajoute l'accent qui convient sur la lettre e : é, è ou ê.

Exemple : *une fenetre → une fen**ê**tre.*

une etoile la rentree une mere un medecin la foret

la comedie une enquete une scene la verite un repere

4 Réécris les mots suivants en ajoutant un accent circonflexe sur la bonne voyelle.

Exemple : *un calin → un câlin.*

un chateau → ....

un diner → ....

un baton → ....

un gouter → ....

ÉCRIRE UN PETIT TEXTE

5 Imagine que Goya choisisse d'offrir un autre cadeau à Vermeer. Dessine-le puis décris-le en quelques phrases.

....

....

....

....

....

COMPRÉHENSION

1 Lis ces trois petits textes. Colorie celui qui résume l'épisode.

Vermeer est en colère. Il n'a pas eu ce qu'il voulait pour son anniversaire. Le petit d'homme lui a apporté un loup.

Vermeer pousse un cri de joie. Il a enfin ce qu'il souhaitait pour son anniversaire : un petit d'homme.
Il s'appelle Paul. Celui-ci est ravi d'être chez les ogres.

Vermeer pousse un cri de joie. Il a enfin ce qu'il souhaitait : un petit d'homme. Son papa l'a trouvé à la lisière de la forêt. Ce petit garçon prisonnier dans une cage et vert de rage s'appelle Paul.

VOCABULAIRE

2 Complète chaque phrase avec un synonyme comme dans l'exemple.

Exemple : *Paul est* ***vert de rage*** *: il est* *furieux*.

vibre | éberlués | se recroqueville

a) Paul **se replie sur lui-même** : il . . . .

b) Les ogres sont **très étonnés** : ils sont . . . .

c) Le cri de Vermeer fait **trembler** la maison : elle . . . .

LES LETTRES « EU » ET « ŒU »

3 Trouve l'intrus dans chaque liste de mots et écris-le au bout de la ligne.

Exemple : *un œuf - une sœur - la peur - un cœur → la peur.*

a) le facteur - le bonheur - le cœur- un voleur - un classeur : . . . .

b) un pneu - un cheveu - un nœud - un lieu : ....

c) des feux - des jeux - des vœux - des aveux : ....

d) des adieux - des cheveux - des lieux - des pneus : ....

Le mot « intrus » se prononce de la même façon que les autres mais ne s'écrit pas pareil !

ÉCRIRE UN PETIT TEXTE

4 a) Colorie en bleu les mots qui correspondent à Paul dans cet épisode, en rouge ceux qui correspondent plutôt à Vermeer.

furieux | content | très en colère

mécontent | ravi | heureux | énervé

vert de rage | satisfait | malheureux

Relis le texte si tu hésites !

b) Choisis l'un des deux personnages. Écris un petit texte pour expliquer ce qu'il ressent à ce moment-là de l'histoire.

....

....

....

....

....

....

....

....

....

COMPRÉHENSION

1 Complète le résumé de cet épisode avec les mots suivants :

cadeau	dévorer	prisonnier	secret	triste

Paul est .... dans une cage. Il croit que Vermeer va le ...., mais l'ogrillon lui rappelle qu'il est le .... du loup pour sa soixante-treizième dent et qu'il ne peut pas le manger ! Vermeer confie alors à Paul un .... : il n'a jamais vu la mer et cela le rend .... Paul lui propose soudain de l'entendre...

VOCABULAIRE

2 Réécris chaque phrase en utilisant le contraire du mot en gras.

Exemple : *Paul n'est pas **bavard**. → Paul est **muet**.*

a) Vermeer n'est pas **méchant**. → Vermeer est ....

b) Paul n'est pas **content**. → Paul est ....

c) Vermeer n'est pas **joyeux**. → Vermeer est ....

d) La mer n'est pas **proche**. → La mer est ....

L'APOSTROPHE

3 Réécris les groupes de mots en remplaçant les par le, la ou l'.

Exemple : *les orages → l'orage.*

les avions → ....

les exercices → ....

les histoires → ....

les haches → ....

les écoles → ....

les arbres → ....

les hiboux → ....

les hommes → ....

ÉCRIRE UN TEXTE

4 Quel objet peut permettre à Paul d'entendre la mer ?
Essaie de l'imaginer, dessine-le puis décris-le en quelques phrases.

COMPRÉHENSION

1 Écris le nom du personnage qui correspond au petit mot en gras.

Exemple : *Vermeer veut **lui** arracher son coquillage.* → *Paul.*

« Fais voir ! Donne, donne, donne-**moi** ça !

→ ....

– Hé, hé, hé ! Pas question ! C'est MON porte-bonheur ! Ou alors, à une condition : **tu** me laisses rentrer chez moi, Vermeer.

→ ....

– **Tu** plaisantes ! Vermeer éclate de rire : tu as vu la taille de mon pied ?

→ ....

– Si **je** veux, je t'écrabouille et je l'aurai pour moi tout seul, le Chant de la Mer. »

→ ....

VOCABULAIRE

2 Réécris chaque phrase en remplaçant le mot en gras par le synonyme qui convient.

s'empêcher | se détendre | écraser

a) S'il le veut, Vermeer peut **écrabouiller** Paul avec son pied.

....

b) Lorsque Vermeer porte le coquillage à son oreille et qu'il entend la mer, son visage commence à **s'apaiser**.

....

c) Le jeune ogre doit **se retenir** de crier.

....

LES LETTRES FINALES MUETTES

3 Trouve la consonne finale muette des mots suivants en t'aidant d'un mot de la même famille.
Exemple : *petit (petite).*

a) gran.... (........................) d) ron.... (........................)

b) len.... (........................) e) épai.... (........................)

c) repo.... (........................) f) goû.... (........................)

ÉCRIRE UN TEXTE

4 Imagine que Vermeer refuse d'aller voir la mer car il n'ose pas sortir de la forêt. Raconte en quelques phrases ce qu'il dirait à Paul.

Tu peux t'aider des mots suivants :

on ne peut pas - je ne peux pas

s'inquiéter - rester - quitter | interdit
gronder - sortir - préférer | dangereux

....

....

....

....

....

....

....

....

La Comédie des ogres

COMPRÉHENSION

1 Numérote les phrases dans l'ordre de l'épisode.

- [....] Paul essaie de lui parler.
- [....] Vermeer est attaché comme une bête sauvage sur un chariot.
- [....] Il annonce à Paul que Vermeer va être offert au seigneur pour son musée des Curiosités.
- [....] Vermeer et Paul sont désespérés : l'un crie au secours, l'autre pleure.
- [....] Le lieutenant interrompt la conversation entre Paul et Vermeer.

VOCABULAIRE

2 Relie les mots contraires.

heureusement •	• méchamment
gentiment •	• violemment
vite •	• malheureusement
doucement •	• lentement

LES LIAISONS

3 Marque les liaisons que l'on ferait à l'oral.

Exemple : *Il était‿une fois...*

a) Un ogre coupe un arbre.

b) Ces enfants de huit ans lisent de belles histoires.

c) C'est un endroit merveilleux.

Pages 124 à 127
du livre

ÉCRIRE DES PHRASES

4 Réécris chaque phrase en remplaçant les mots soulignés par il ou ils.

Exemple : *Les soldats écoutent leur chef.* → ***Ils** écoutent leur chef.*

a) Paul et son ami sont malheureux.

....

b) Les parents de Paul le cherchent partout près de la forêt.

....

c) Paul voit partir son ami et Paul pleure.

....

ÉCRIRE UN TEXTE

5 Paul pleure. Que va-t-il se passer maintenant ?
Choisis une suite et écris-la en quelques phrases.

a) Paul va voir ses parents.

b) Paul retourne dans la forêt.

c) Paul va voir le seigneur du château.

Tu peux t'aider des mots suivants : il court - il demande - il supplie
il raconte - il explique

....

....

....

....

....

....

....

COMPRÉHENSION

1 Lis ces trois petits textes. Colorie celui qui résume l'épisode.

Vermeer n'est plus prisonnier. Paul et Lou l'emmènent voir la mer. Ils s'endorment tous les trois sous le ciel étoilé.

Vermeer est prisonnier. Paul a essayé de le libérer mais le seigneur du château veut le garder. Paul dit qu'il a une solution.

Vermeer est prisonnier avec Paul. Lou, la petite sœur de Paul, vient les voir. Elle cherche une solution pour les libérer.

VOCABULAIRE

2 Dans chaque liste, barre les intrus qui n'ont rien à voir avec le thème.

le château fort

le donjon - la tour - l'ascenseur - le pont-levis - la piscine - le Moyen Âge - un radiateur - des remparts - une alarme électrique

la peinture

des pinceaux - un marteau - des couleurs - une toile - un appareil photo - un tableau - une porte - un chevalier - un chevalet

LA LETTRE « h »

3 Colorie les mots selon le son que tu entends.

[ʃ] : bleu — [f] : rouge — [k] : jaune — (pas de son) : vert

une planche	un éléphanteau	l'écho	un héros
une chaussette	une phrase	des choristes	le chagrin

4 Lis les mots suivants puis classe-les dans le tableau.

du chocolat - une chorale - un cheval - un technicien
Michaël - Michel - une branche

	« ch »
[ʃ]	....
[k]	....

ÉCRIRE UN TEXTE

5 Décris la petite sœur de Paul en quelques phrases.

Tu peux t'aider des mots suivants :

une robe - des cheveux
un visage - des yeux
un regard

Elle ressemble à…

long - longue
petite - doux
gentille

....

....

....

....

....

COMPRÉHENSION

1 Parmi ces phrases, coche celles qui correspondent à l'illustration.

- ☐ Paul et Lou ont les clefs. Ils vont pouvoir délivrer Vermeer.
- ☐ Paul et Vermeer demandent à Lou de ne pas faire de bruit.
- ☐ Paul suit Lou dans le château pour aller délivrer Vermeer.
- ☐ Le trousseau du gardien compte quatre clefs.

VOCABULAIRE

2 Relie les mots contraires.

se chausser •	• démêler
ranger •	• déballer
emballer •	• déranger
emmêler •	• décourager
encourager •	• se déchausser

ÉCRIRE DES PHRASES

3 Remets les mots dans l'ordre pour écrire deux phrases correctes.

bientôt.	se faufilent	de venir le voir	dans le château.
et lui promettent	Ils libèrent	Paul et Lou	Vermeer

ÉCRIRE UN PETIT TEXTE

4 Imagine la suite de l'histoire en quelques phrases.

Tu peux t'aider des mots suivants :

il court très vite - il se dépêche - il fonce
il ne se retourne pas - il se retourne
il ne s'arrête pas - il a peur de - il souffle
il est sain et sauf

la sueur - les larmes - la lisière de - la forêt

COMPRÉHENSION

1 Numérote les paragraphes dans l'ordre de l'histoire.

[....] Le jeune garçon n'est pas du tout ravi d'être le nouveau cadeau de Vermeer ! Après lui avoir parlé, Paul propose au jeune ogre de réaliser son rêve : l'emmener voir la mer.

[....] Dans une forêt vit une famille d'ogres : le père, Goya, la mère, Cézanne, et leur ogrillon, Vermeer. À chaque nouvelle dent, Vermeer demande un cadeau étonnant. Cette fois-ci, il souhaite un petit d'homme. Goya lui en trouve un à la lisière de la forêt. Il s'appelle Paul.

[....] Finalement, Paul et sa petite sœur Lou libèrent Vermeer et Paul lui offre un cadeau extraordinaire : un coquillage qui permet d'écouter le Chant de la Mer.

[....] Mais, en sortant de la forêt, Vermeer est fait prisonnier par des soldats. Il est conduit dans le château d'un seigneur qui collectionne les « curiosités ».

VOCABULAIRE

2 Remplace les expressions en gras par un adverbe.

Exemple : *Il se déplace* ***avec rapidité****. → Il se déplace rapidement.*

a) Paul parle **avec douceur**. → Paul parle ....

b) Ils se séparent **avec tristesse**. → Ils se séparent ....

c) Vermeer se faufile **avec discrétion** dans l'ombre des rues.
→ Vermeer se faufile .... dans l'ombre des rues.

d) Vermeer ouvre le paquet-cadeau **avec délicatesse**.
→ Vermeer ouvre le paquet-cadeau ....

ÉCRIRE UN PETIT TEXTE

3 Décris Vermeer à la fin de l'histoire en t'aidant de l'illustration.

Tu peux t'aider des mots suivants : calme - souriant - heureux serein - apaisé - rêveur tendre | il écoute - il sourit il semble - il pense il a l'air

DES SONS, DES LETTRES

1 Complète les mots avec é ou è.

une . . . toile	un centim . . . tre	la col . . . re	l'oc . . . an
un num . . . ro	une plan . . . te	l'app . . . tit	une cuill . . . re

2 Complète avec é ou ê.

une b . . . tise	une poup . . . e	la pur . . . e	une fen . . . tre
la for . . . t	un b . . . lier	la temp . . . te	p . . . daler

3 Complète avec è ou e.

une berg . . . re	le ci . . . l	un . . . ffort	un . . . scalier
le tonn . . . rre	un fr . . . re	une sir . . . ne	la gentill . . . sse

4 Complète avec ê ou e.

une fic . . . lle	une enqu . . . te	une p . . . rle	la p . . . che
une p . . . rmission	la l . . . cture	la f . . . te	une p . . . lle

5 Classe les mots dans le tableau.

une noisette - le tennis - une bête - une couverture
une cacahuète - un manège - un mystère - une arête

[ɛ] è	[ɛ] ê	[ɛ] e
. . . .	. . . .	. . . .
. . . .	. . . .	. . . .
. . . .	. . . .	. . . .

DES SONS, DES LETTRES

6 Place un accent circonflexe sur la lettre a quand c'est nécessaire.

un bateau - un baton - un chateau - un chaton

un gateau - un ballon - une tarte - le théatre

7 Écris le mot qui correspond au dessin.

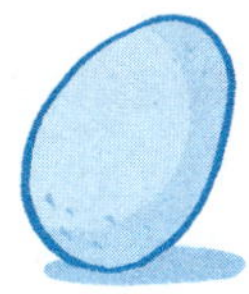

un	les	un	un . . . .

une	un	un	un . . . .

8 Donne à chaque fois un mot de la même famille.

trot → . . . .

coup → . . . .

pot → . . . .

dos → . . . .

bras → . . . .

bond → . . . .

point → . . . .

DES SONS, DES LETTRES

9 Complète par un n quand c'est nécessaire.

un ... arbre	un ... escalier	un ... écureuil	un ... id
un ... arc	un ... énuphar	un ... exercice	un ... outil
un ... élève	une ... ombre	un ... ombre	un ... ours
un ... ez	un ... œud	un ... oreiller	un ... uméro

10 Classe les mots dans les tableaux.

un architecte - le bonheur - un bûcheron - le chagrin
l'écho - un éléphant - un hérisson - la pharmacie
le shampooing - un short - un tee-shirt - le théâtre
un triomphe - un chronomètre

h	ch [ʃ]	ch [k]
....	....	....
....	....	....
....	....	....

sh [ʃ]	ph [f]
....	....
....	....
....	....

MOTS CROISÉS

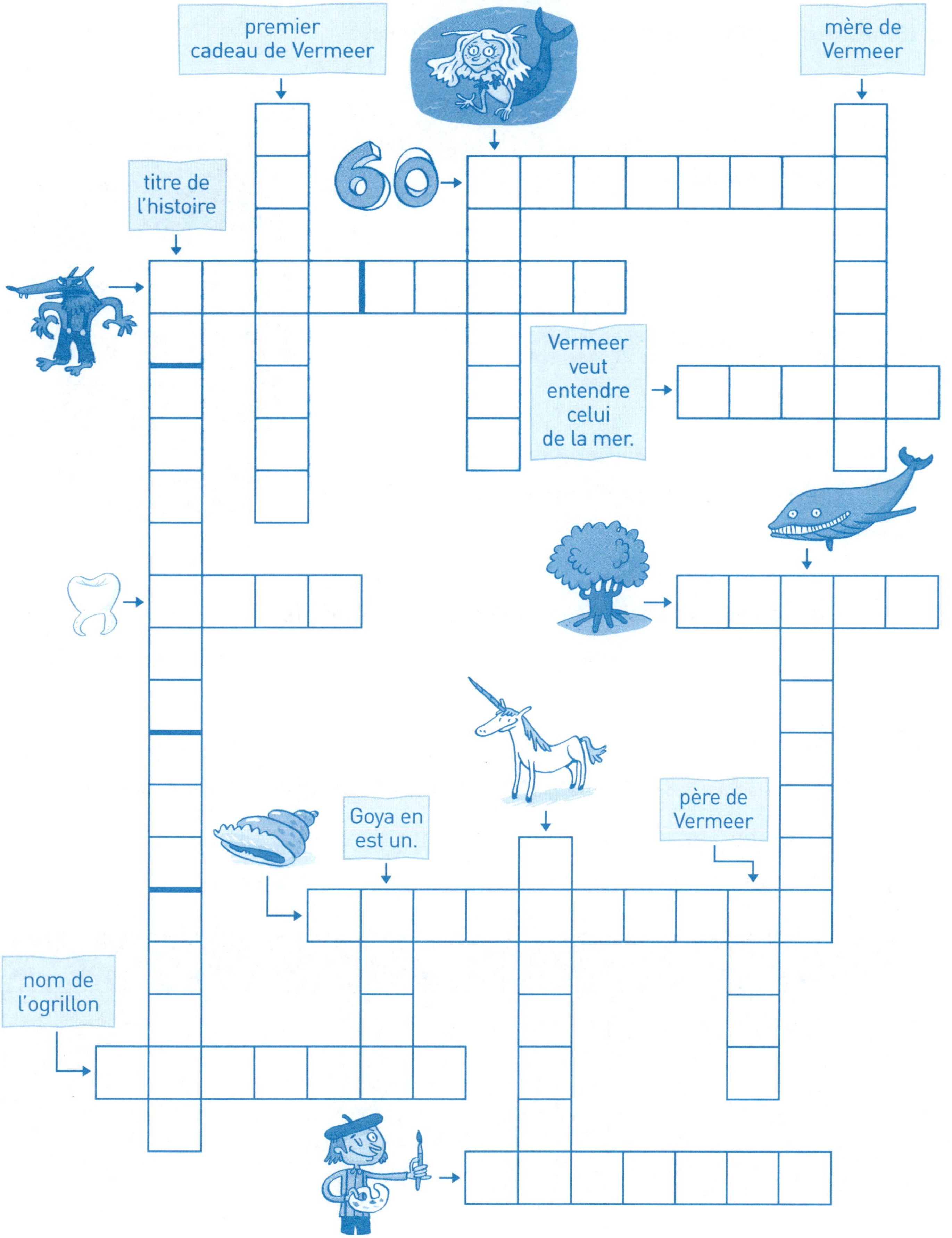

COMPRÉHENSION

1 Numérote ces phrases dans l'ordre de l'histoire.

.... Quand le danger est passé, Téiki se calme et Poéma retourne s'occuper de la voile pour poursuivre son voyage.

.... Un matin, avant que le soleil ne se lève, Poéma embarque sur une pirogue avec son petit frère Téiki.

.... Soudain, Téiki se met à pleurer très fort. Poéma, alertée, évite de justesse un rocher sur lequel la pirogue fonçait.

.... Elle attache le bébé, hisse la voile et s'éloigne du lagon pour franchir la passe entre les récifs.

VOCABULAIRE

2 À quel thème se rapporte chacun de ces mots ? Complète le tableau.

une aile - un bateau - courir - un avion - flotter - un hélicoptère
marcher - une nageoire - un pied - rouler - voler - nager

la mer	le ciel	la terre
....	....	....
....	....	....
....	....	....
....	....	....

**3 Tous ces mots évoquent la navigation.
Relie chacun à sa définition.**

a)

un bateau •	• Grand bateau destiné à la navigation en pleine mer.
un voilier •	• Moyen de transport qui permet de naviguer sur l'eau.
un navire •	• Bateau à voile.

b)

naviguer •	• Où l'on peut naviguer.
un navigateur •	• Voyager sur l'eau.
navigable •	• Personne qui fait de longs voyages en mer.

ÉCRIRE UN PETIT TEXTE

**4 À quoi ressemblait la vie de Poéma avant la naissance de son petit frère ?
Raconte en quelques phrases ce qu'elle appréciait lorsqu'elle avait
ses parents pour elle toute seule.**

Tu peux t'aider des mots suivants :

des bisous - des jeux
des courses sur la plage
des chansons

raconter des histoires
chanter - jouer - courir
danser - rire

COMPRÉHENSION

1 Écris Vrai (V) ou Faux (F).
Lorsque la phrase est fausse, réécris-la correctement.

a) Le soleil se lève quand Poéma commence son voyage. [....]

....

b) Poéma chante sur la pirogue parce qu'elle est joyeuse. [....]

....

c) Poéma se met derrière son frère pour être protégée. [....]

....

d) Poéma et Téiki viennent d'arriver au Pays Sans Souci. [....]

....

VOCABULAIRE

2 Trouve le verbe qui correspond à la définition et qui est de la même famille que le mot en gras.

Exemple : *utiliser la **rame** d'un bateau pour le faire avancer.* → ***ramer**.*

a) faire un **tour** sur soi-même → ....

b) avoir un **sursaut** → ....

c) donner des coups de **fouet** → ....

d) laisser à l'**abandon**, sans soin ni protection → ....

ÉCRIRE DES PHRASES

3 Construis trois phrases en t'aidant des mots suivants.

Poéma	surgit	devant son frère
un grand requin bleu	s'installe	d'une voix étranglée
la fillette	chante	de la mer

a) ....

b) ....

c) ....

ÉCRIRE UN PETIT TEXTE

4 Décris le requin en quelques phrases.

Tu peux t'aider des mots suivants :

les dents - les yeux
le regard
un aileron

grand - géant
énorme - terrifiant
impressionnant

....

....

....

....

....

....

Le voyage de Poéma

COMPRÉHENSION

1 Lis ces trois résumés et colorie celui qui correspond à l'épisode.

À la suite d'une tornade, Poéma et Téiki ont été entraînés sur une plage de sable. Poéma abandonne le bébé. Ce qu'elle désirait plus que tout est arrivé ! Elle peut enfin retourner chez elle, soulagée.

À la suite d'une tornade, Poéma et Téiki ont été entraînés dans un monde étrange. Une raie manta propose à Poéma de faire disparaître son petit frère. En un clin d'œil, elle lui enlève le bébé. La chose que Poéma désirait le plus au monde est arrivée. Elle est ravie !

À la suite d'une tornade, Poéma et Téiki ont été entraînés dans un monde étrange. Une raie manta propose à Poéma de faire disparaître son petit frère. En un clin d'œil elle lui enlève le bébé. Mais Poéma ne veut pas que les choses se passent ainsi : elle veut emmener elle-même son frère sur un atoll.

VOCABULAIRE

2 Réécris chaque phrase en remplaçant le mot en gras par un synonyme.

a) Poéma compte **abandonner** Téiki sur un atoll.

. . . .

b) La raie manta **fond** sur Poéma.

. . . .

c) La canne à pêche **s'est volatilisée**.

. . . .

Pages 156 à 158
du livre

ÉCRIRE UN PETIT TEXTE

**3 Que voient Poéma et Téiki au fond de l'océan ?
En t'aidant de l'image, décris ce monde étonnant.**

Tu peux t'aider des mots suivants :

une raie manta - une nageoire
un poisson - une algue - le corail
une étoile de mer - un coquillage
un banc de poissons

géant - rayé
beau - belle

Le voyage de Poéma

COMPRÉHENSION

1 Qui parle ? Relie chaque phrase à l'illustration qui convient.

a) - Ce bébé est à toi ? •

b) - Téiki, c'est mon petit frère ! •

c) - J'aimerais tant rentrer chez moi. •

d) - Nous aimerions tant ne plus être envahies. •

e) - Et tu ne peux rien pour nous. •

f) - Je vais vous coiffer ! •

• 

• 

2 Complète par Vrai (V) ou Faux (F).

a) Poéma ne s'inquiète pas de la disparition de son petit frère. ....

b) Poéma se dirige vers une sorte de grotte de corail. ....

c) Les parois de la caverne sont couvertes de fleurs multicolores. ....

d) Téiki est endormi sur un lit d'anémones de mer. ....

e) Les anémones de mer appellent le poisson-clown pour aider Poéma. ....

VOCABULAIRE

3 Relie chaque verbe à sa définition.

voir •	• Regarder attentivement pour étudier.
apercevoir •	• Percevoir par les yeux.
observer •	• Voir mal ou voir de loin.

4 Barre l'intrus dans chaque liste de synonymes.

a) sommeiller - dormir - somnoler - se réveiller

b) frétiller - remuer - chanter - s'agiter - bouger

c) scintiller - briller - étinceler - ressembler - illuminer

ÉCRIRE UN PETIT TEXTE

5 Observe l'illustration et décris la grotte.

Tu peux t'aider des mots suivants :

un endroit - une grotte - un lieu
une anémone - un rocher
un coquillage - des poissons

magique
merveilleux
étrange
rempli de

épisode 5 *Le voyage de Poéma*

COMPRÉHENSION

> Tu peux relire le texte pour t'aider à trouver des réponses !

1 Réponds aux questions suivantes par des phrases complètes.

a) Selon Poéma, à quoi rêve Téiki endormi dans ses bras ?

....

....

b) Quel est le nouveau souhait de Poéma dans cet épisode ?

....

....

c) Comment la raie manta réagit-elle au nouveau souhait de Poéma ?

....

....

VOCABULAIRE

2 Pour supprimer la négation (ne ... pas), réécris chaque phrase en remplaçant le mot en gras par un mot de sens contraire.

Exemple : *Il ne **pleure** pas. → Il rit.*

a) La raie manta n'est pas **petite**.

La raie manta ....

b) Téiki n'est pas **réveillé**.

Téiki ....

c) Poéma ne voulait pas **garder** son petit frère.

Poéma voulait ....

d) Poéma ne **s'arrête** pas de marcher.

Poéma ....

ÉCRIRE UN PETIT TEXTE

3 Numérote ces images dans l'ordre de l'histoire.
Puis écris un petit texte pour raconter ce qui s'est passé dans cet épisode.

....

....

....

Le voyage de Poéma

COMPRÉHENSION

1 Numérote ces phrases dans l'ordre de l'histoire.

- .... Le grand dauphin accepte de remonter Poéma et Téiki à la surface pour qu'ils rentrent chez eux.
- .... Le grand dauphin saute hors de l'eau et les deux enfants émergent enfin.
- .... Poéma ne peut plus parler sous l'eau et son va'a remonte lui aussi à la surface !
- .... Mais avant leur départ, le poisson-clown dépose un baiser brûlant sur le nombril de Poéma pour lui laisser un souvenir.

2 Remplace le pronom en gras par le nom du personnage qui convient. Puis réécris les phrases.

a) Il salue le dauphin avec cérémonie.

....

b) Il monte vers la surface puis redescend en piqué.

....

c) Ils vont quitter le Pays Sans Souci.

....

VOCABULAIRE

3 Trouve le mot qui correspond le mieux à la définition et colorie-le.

a) Vent très violent qui tourbillonne.

orage   brouillard   tornade

b) Petite cicatrice ronde que l'on a au milieu du ventre.

tatouage   nombril   appendicite

Pages 165 à 167
du livre

c) Apparaître à la surface de la mer.

sauter plonger émerger

d) Mouiller en projetant un liquide.

éclabousser laver tremper

ÉCRIRE UN PETIT TEXTE

4 Imagine la conversation entre le dauphin et le poisson-clown après le départ de Poéma et Téiki.

Tu peux t'aider des mots suivants :

il dit - il demande - il répond

cette fillette - ce bébé
un petit frère
une grande sœur
un baiser brûlant - la pirogue
un souvenir

jaloux - jalouse
gentil - gentille
doux - douce

abandonner
garder - jouer
s'occuper de
s'aimer - grandir

Le voyage de Poéma

COMPRÉHENSION

1 Écris Vrai (V) ou Faux (F).
Lorsque la phrase est fausse, réécris-la correctement.

a) Pour franchir la barrière de corail, Poéma n'aura pas besoin de pagayer. [....]

....

....

b) Le soleil s'est couché. [....]

....

....

c) Poéma a maintenant hâte que son petit frère grandisse. [....]

....

....

d) Poéma ne remarque pas le tatoo du poisson-clown. [....]

....

....

VOCABULAIRE

2 Complète chaque phrase avec le mot qui convient.

a) Le petit garçon a fait une .... de peinture sur son pantalon. tache | tâche

b) L'élève a une .... à réaliser : faire un exercice de vocabulaire. tache | tâche

c) C'est une empreinte de .... d'ours. pâte | patte

d) Cette .... à pizza est délicieuse. pâte | patte

Pages 168 à 169
du livre

ÉCRIRE UN PETIT TEXTE

**3 Poéma et Téiki sont de retour chez eux.
À ton avis, que va raconter Poéma à leurs parents ?**

Le voyage de Poéma

MOTS CROISÉS

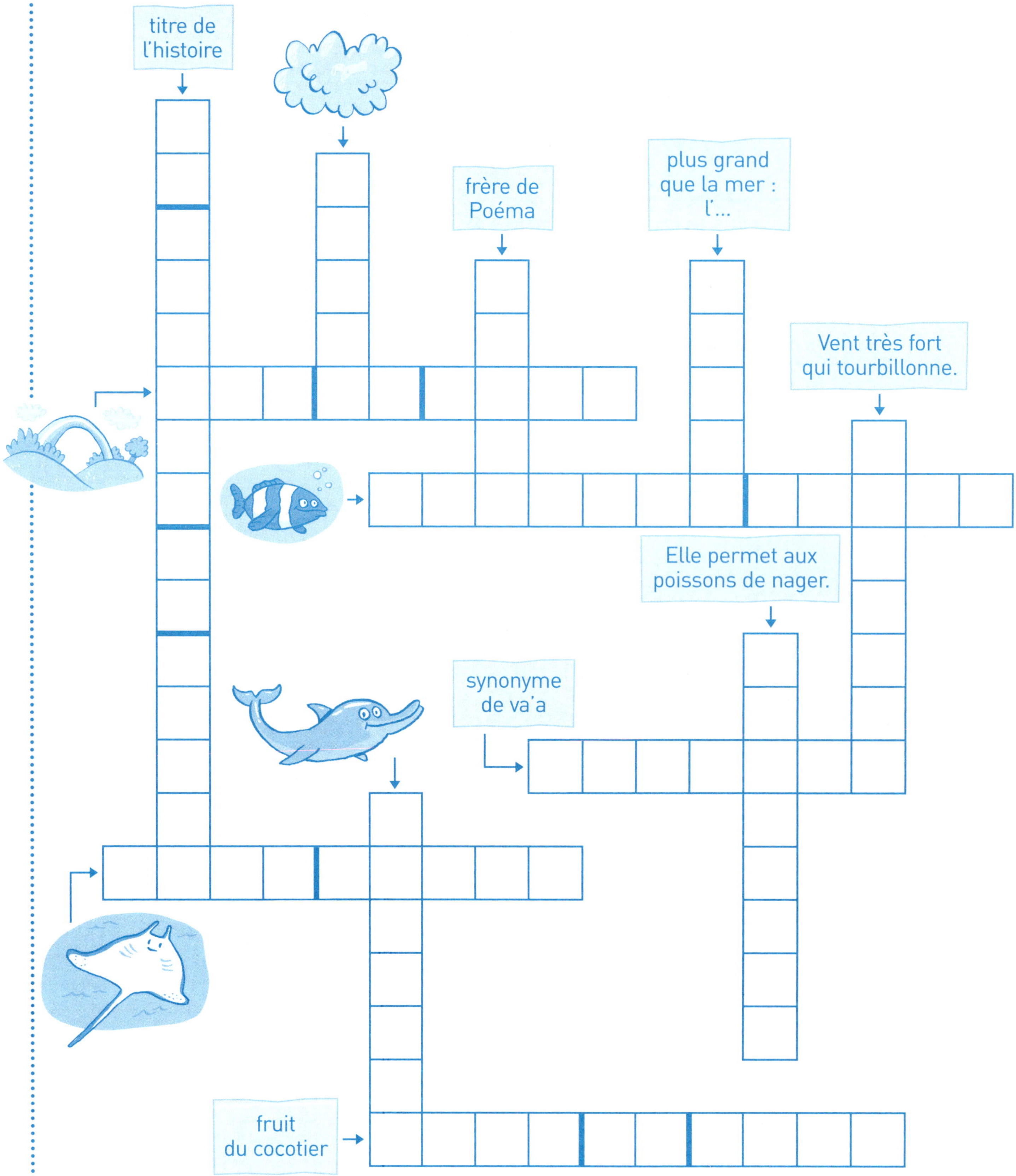

DES MOTS EN [ɛ]

è
un pi**è**ge

ê
la for**ê**t

ai
une m**ai**son

ei
une bal**ei**ne

DES MOTS EN [ɛ̃]

in
le mat**in**

im
impossible

ain
un cop**ain**

ein
un p**ein**tre

DES MOTS EN [ã]

an
le boul**an**ger

am
un ch**am**p

en
une p**en**dule

em
le t**em**ps

DES MOTS EN [õ]

on
un ball**on**

om
un p**om**pier

DES MOTS EN [o]

o	ô
un stylo	un côté

au	eau
un dauphin	un cadeau

DES MOTS EN [wa] ET EN [wɛ̃]

oi	oin
la voix	loin

DES MOTS EN [g]

g	gu
un **g**âteau	une **gu**itare
....	....
....	....
....	....
....	....
....	....

DES MOTS EN [ʒ]

j	ge / gi / gy
du **j**ambon	un **ge**nou
....	....
....	....
....	....
....	....
....	....

DES MOTS EN [ɲ]

gn
soi**gn**er
....
....
....
....
....

DES MOTS EN [s]

s
la **s**emaine

ss
un poi**ss**on

c
un **c**ygne

ç
un gar**ç**on

t
la récréa**t**ion

x
di**x**

sc
la pi**sc**ine

DES MOTS EN [z]

s
un va**s**e

z
un **z**èbre

x
deu**x**ième

DES MOTS EN [k]

que

une bar**que**

c

un **c**ahier

k

un **k**ilomètre

cc

un a**cc**ord

ch

une **ch**orale

DES MOTS EN [j]

-ail / -aille

le cor**ail** / une bat**aille**

-eil / -eille

le sol**eil** / une ab**eille**

-euil / -euille

un écur**euil** / une f**euille**

-ouil / -ouill-

le br**ouill**ard / une gren**ouill**e

-ill-

un coqu**ill**age

-ay- / -oy- / -uy-

un cr**ay**on / un r**oy**aume / br**uy**ant

DES MOTS AVEC DES CONSONNES DOUBLES

ff

sou**ff**ler

ll

une ba**ll**e

mm

e**mm**ener

nn

une perso**nn**e

pp

a**pp**orter

tt

a**tt**raper

DES MOTS AVEC DEUX CONSONNES QUI SE SUIVENT

br
un **br**acelet

pr
un **pr**ince

cr
un se**cr**et

gr
un o**gr**e

pl
la **pl**uie

cl
une **cl**é

Conception de couverture et intérieure : Delphine d'INGUIMBERT et Valérie GOUSSOT

Illustration de couverture : Hervé LE GOFF

Illustrations intérieures : Loïc MÉHÉE, Hervé LE GOFF (pp. 5, 7, 9, 11, 13, 15, 17), Julien AKITA (pp. 23, 25, 27, 29), Amélie DUFOUR (pp. 35, 37, 38, 39, 40, 41, 43, 45, 47), François ROCA (pp. 52, 55, 59, 63, 64, 67), Mélisande LUTHRINGER (période 5 sauf p. 74).

Réalisation : Al'Solo

Édition : Isabelle Peyronnet et Julie Delaere

Dépôt légal : Avril 2009 - N° Editeur : 2011/305
Achevé d'imprimer en avril 2011 par La Tipografica Varese S.p.A.